# LE NEZ-O-LIMPISME

## (ou LES FOUS DU STADE)

# CURRICULA VITARUM

Nés

Vivant dans le Hurepoix (France) l'un écrivant et dessinant, l'autre dessinant et écrivant

Ouvrages parus:

| | |
|---|---|
| Jean Geoffroy | Clémentine la petite tache (Tisné) |
| | Minisexe (Régine Deforges) |
| Michel Claude | Inter férences (Pauvert) |
| | Métrologie (Pauvert) |
| | Mettez les Voiles (Julliard) |
| | (avec |
| | J. P. Grousset) |
| | Les Mémoires de Bidasse (Ill. Julliard) |
| | Le Franglish (Denoel) |
| | La Célébration du Petit Pois (Morel) |
| | Le Journal de Pol Hué (Fleurus) |
| | Idioms (en collaboration avec Adrienne) |
| | Sexpressions (Hachette-Littérature) |
| Principaux Journaux: | Canard Enchaîné (Collaboration interrompue par un licenciement abusif; |
| | Procès gagné en 1967 |
| | Le Figaro Litt. |
| | (Bande ''Le petit Monsieur'') |
| | Les Nouvelles Litt. |
| | New York Times Book Review |
| | Okapi (L'étonnant Mr Kangourouge) |
| | Formule I |
| | Etc. . . . |

En préparation et en collaboration un roman gastéropolicier: ''Escargot Home! . . .''

# LE NEZ−O−LIMPISME

## (ou LES FOUS DU STADE)

Jean Geoffroy
Michel Claude

éditions
l'étincelle

Copyright© 1976, Éditions l'Étincelle.
Dépôt légal, 2e trimestre 1976, Bibliothèque Nationale du Québec.

ISBN: 0-88515-052-X

Diffusion: *France:* Montparnasse-Édition
1, Quai de Conti
Paris 75006

Tél.: 033.40.96

*Québec:* Messageries Prologue Inc.
1651, rue St-Denis
Montréal

Tél.: 849-8129

*Suisse:* Foma-Cédilivres
C.P. 4, Le Mont-sur-Lausanne

Éditions l'Étincelle
1651, rue St-Denis
Montréal, Québec.

Téléphone: (514) 843-4344

Pour recevoir notre catalogue sans engagement de votre part, il suffit de nous faire parvenir une carte avec votre nom et adresse.

"Plus je tourne à rebours sur mon home-trainer, plus je tombe de surprises en surprises."

Capitaine Perrache
(Le Triomphe du Rétropédalage)
catalogue de la manufacture d'armes et cycles de St-Etienne 1903.

Actuellement, on assiste, impuissant, à une surenchère dans l'exubérance graphique. D'où viennent ces protubérances qui surmontent les cercles olympiques traditionnels ? Aurait-on cédé à la mode pornographique qui déferle sur le monde ?

On peut le croire et le démontrer.

Fig. 1: Représentation d'un homme normal moyen.

Fig. 2: Représentation normale d'un homme apte aux efforts physiques.

Fig. 3: Le titre de champion donne droit à une prime de surhomme.

Fig. 4: Par contre, le deuxième et le troisième n'ont droit qu'à une symbolique restrictive. (Bien fait pour eux, dans une société d'arrivisme forcené, on est premier ou on n'est pas).

Fig. 5: La juxtaposition sur le podium nous fournit l'emblème olympique.

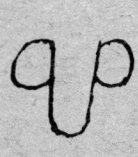

Fig. 1

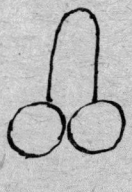

Fig. 2

Fig. 3

Fig 4

Fig. 5

Dans l'époque d'austérité que nous connaissons, il est immoral de gaspiller. Pourtant, tout dans les Jeux Olympiques est prétexte à dépense.

Pourquoi, par exemple, cinq anneaux de couleurs différentes alors qu'une solution aussi élégante qu'économique est possible ?

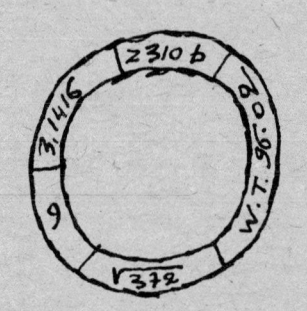

MODÈLE ÉCONOMIQUE

DESSIN À COLORIER :

$2310\,b$ = NOIR

$3,1416$ = JAUNE

$9$ = BLEU

$\sqrt{372}$ = VERT

W.T. 96.02 = ROUGE

MODÈLE ENCORE PLUS ÉCONOMIQUE

Pour réduire les dépenses et en souvenir de la trève olympique, on devrait interdire à tous les pays en guerre, froide, chaude, tiède, larvée de participer.

Ainsi, plus de frais de dortoirs blindés, de chiens policiers, d'hospitalisation . . .

De même est-il nécessaire que les pays les plus riches viennent si longtemps vivre aux frais d'autres pays?

Tout ça pour confondre stade et arène politique, et profiter des épreuves pour faire de la publicité capitaliste . . .

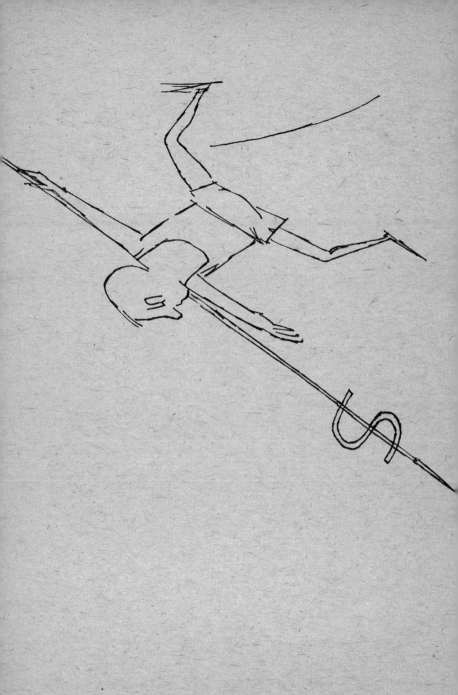

. . . ou communiste.

Est-il bien normal d'inviter des pays pauvres qui s'apauvrissent davantage pour envoyer dix entraîneurs et un champion ?

Champion, qui, dopé par la faim, décroche parfois une médaille qu'il préférerait en chocolat. (D'ailleurs, même suisse, le chocolat est moins cher que l'or. Même plaqué.)

Est-il adroit d'entretenir la haine faciale en opposant des gens de différentes couleurs ?

Pour toutes ces raisons valables, la sagesse commande de réserver les J.O. aux seuls habitants du pays organisateur. (Minorités ethniques et d'importation exclues).

Quelle fierté alors, pour tout le pays de voir ses champions remporter toutes les premières places. Ce serait la fin du chauvinisme.

Pour l'unité nationale et la santé des finances, nationalisons les J.O.

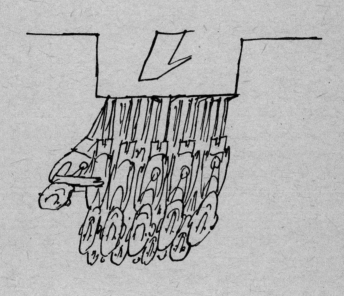

Puisque les jeux existent dans leurs règle-
ments actuels, on pourrait tout de même tenter
de les modifier. Essayer, par exemple, de les
rendre plus conformes à la pureté de la tradition
antique.

Faut-il un grand couturier pour dissimuler
la musculature harmonieuse des athlètes ?

Un défilé nu permettrait également de
juger si l'égalité des sexes est réelle.

SEXE ETALON, ETALÉ

Egalité n'est pas monotonie.

Chaque participant peut avoir ses parti-
cularités et son folklore.

Anglais . . . ou . . . Canadien . . .

... Français ... ou ... Mexicain

. . . Juif . . . ou . . . Musulman.

Passons aux épreuves. Il faut l'avouer, il n'y a pas de suspense. Nous savons dès le début qu'un tout petit ne remporte jamais le saut en hauteur . . .

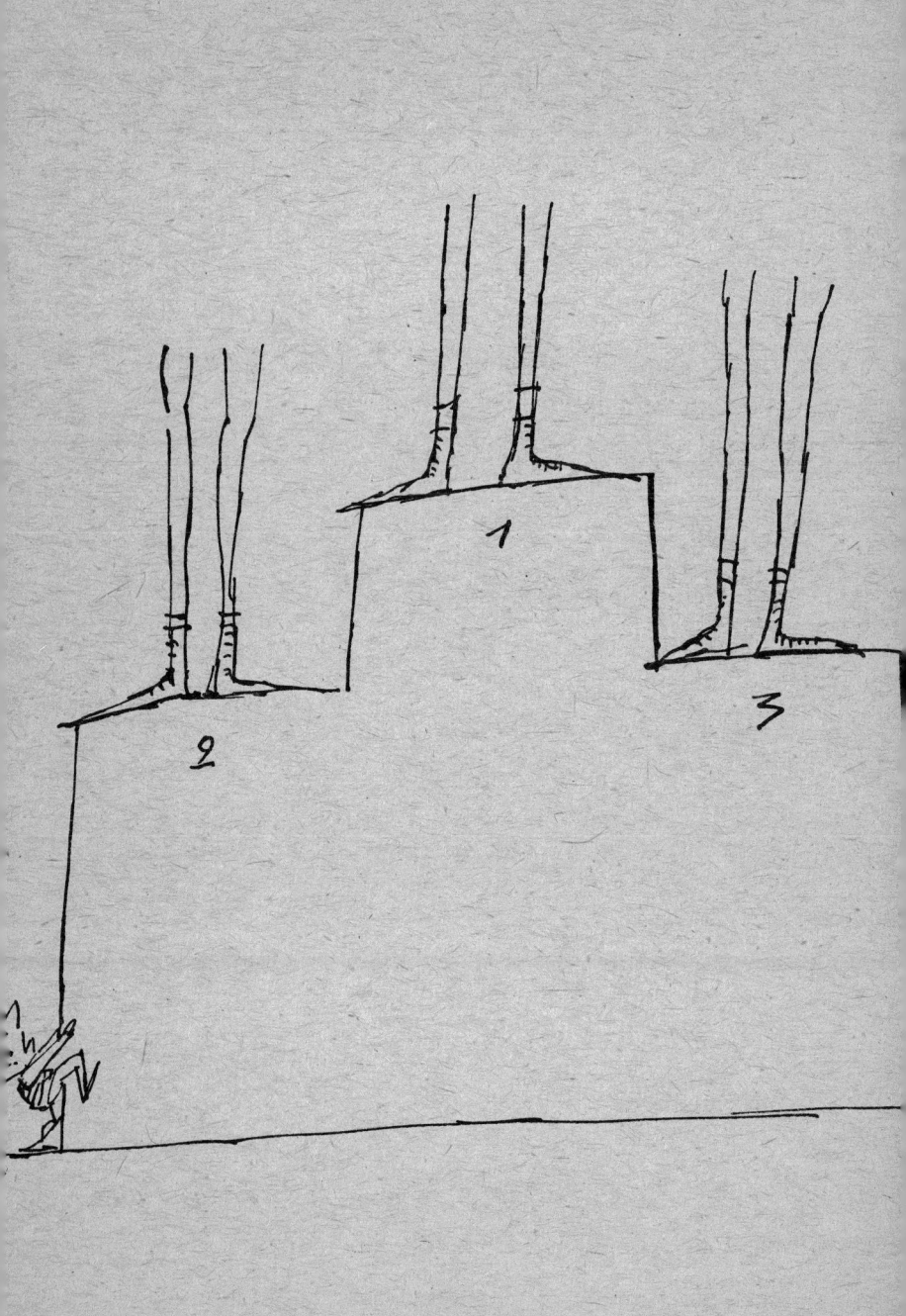

. . . Que la victoire dans certaines épreuves est impossible pour les freluquets.

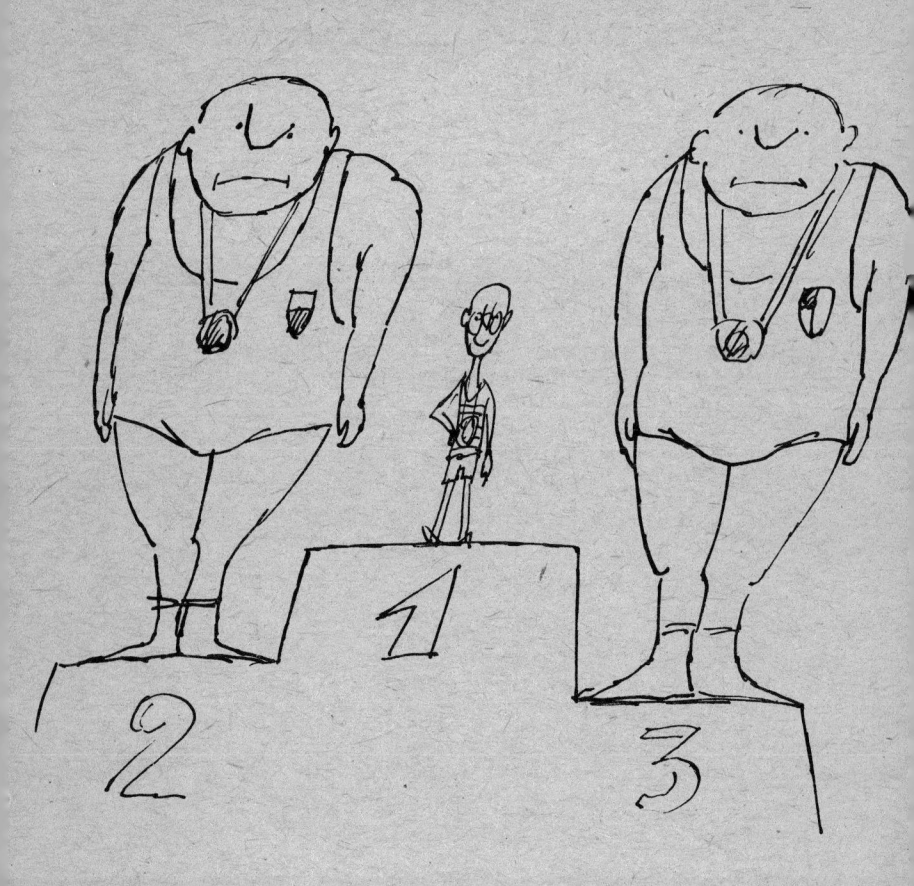

LE RÊVE IMPOSSIBLE DU PETIT LANCEUR DE POIDS

C'est entretenir les complexes des plus faibles et favoriser l'inégalité morphologique. On pourra, dans quelques olympiades, constater le résultat de ces spécialisations outrancières.

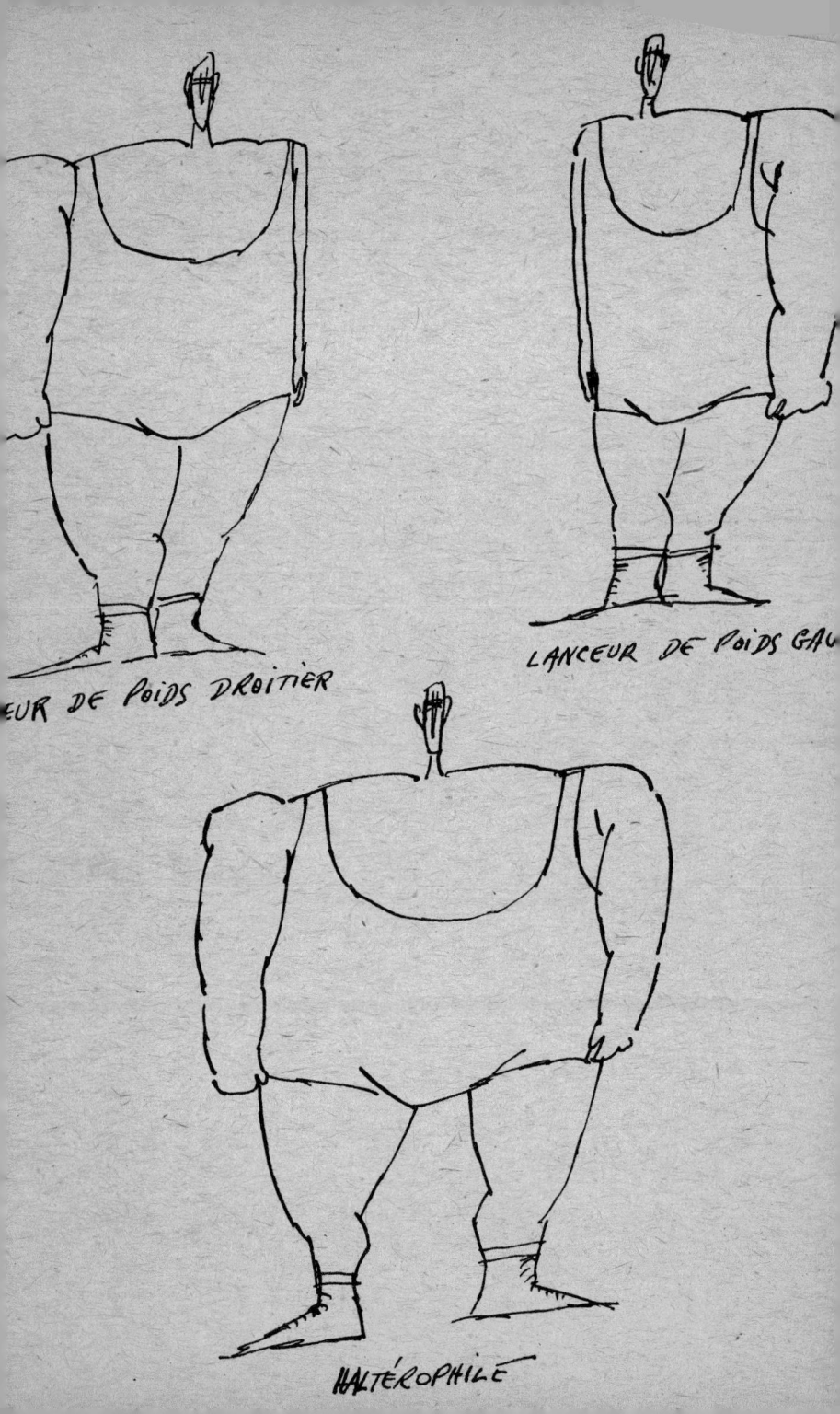

EUR DE POIDS DROITIER

LANCEUR DE POIDS GAU

HALTÉROPHILE

Observer qu'en natation, par exemple, la fonction crée la membrane . . .

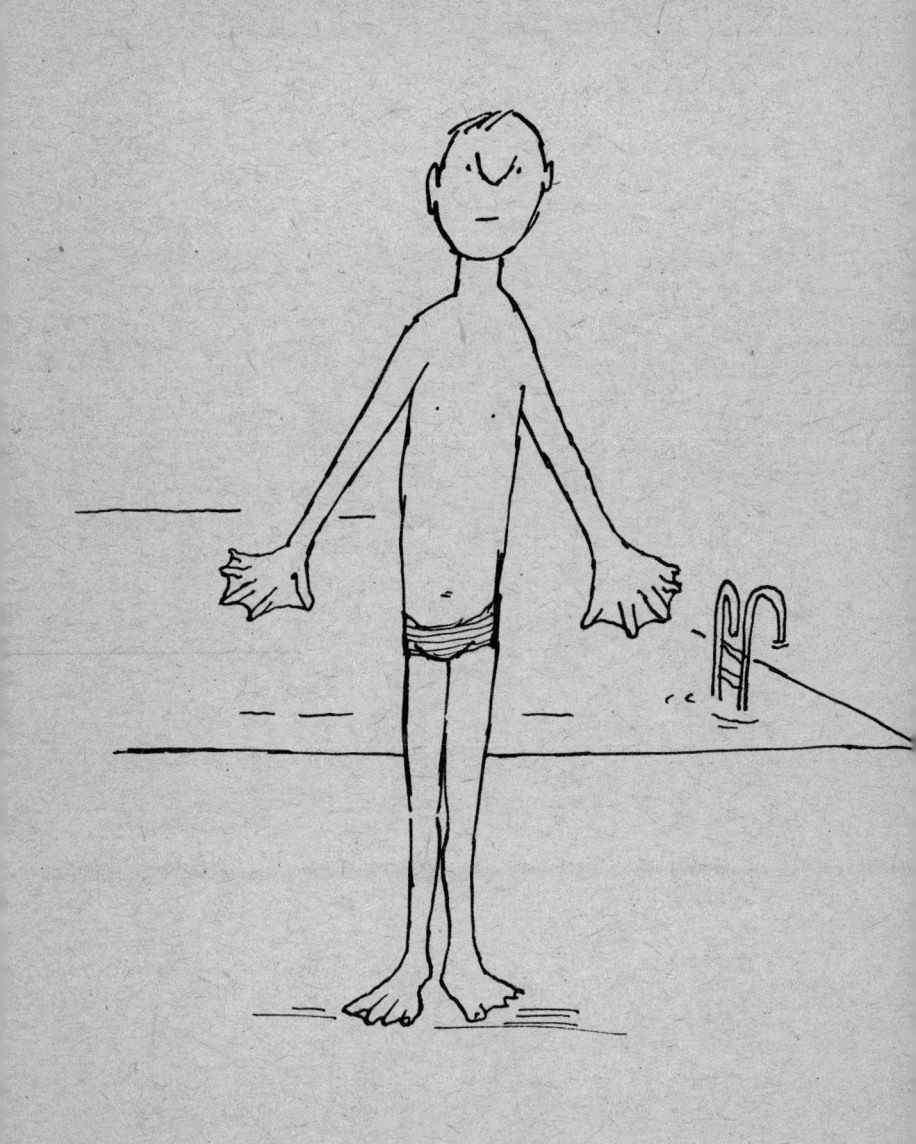

. . . voire l'organe.

... Que le moyen (de locomotion) justifie le petit (locomoteur).

Ce n'est encore rien comparé au champion

. . . de double skulls.

Ainsi de hautes écoles hippiques, même avec des méthodes d'entraînement parfois très différentes, donneront à leurs athlètes des profils trop étudiés.

Evidemment, on peut toujours dire que les amazones ont créé un précédent.

Bref, on ne s'amuse plus aux Jeux. On pourrait pourtant relancer l'intérêt des acteurs et des spectateurs. Il suffirait d'un rien pour passer d'un conservatisme ennuyeux à un réformisme distrayant:

Pour la course à pied, où s'affrontent de nombreux concurrents, aménager la piste.

(Dans ce cas il faut à l'arrivée des juges attentifs qui ne se laissent pas dominer par leurs . . .

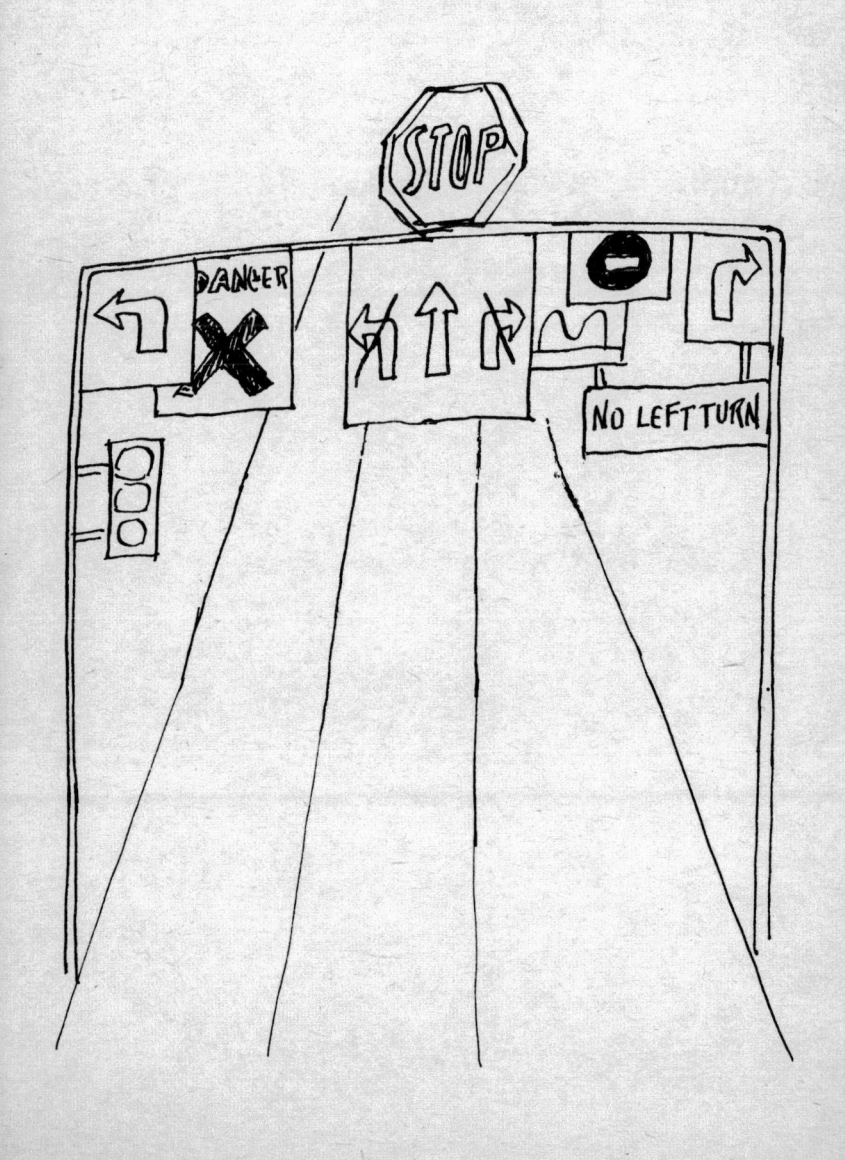

. . . sentiments.)

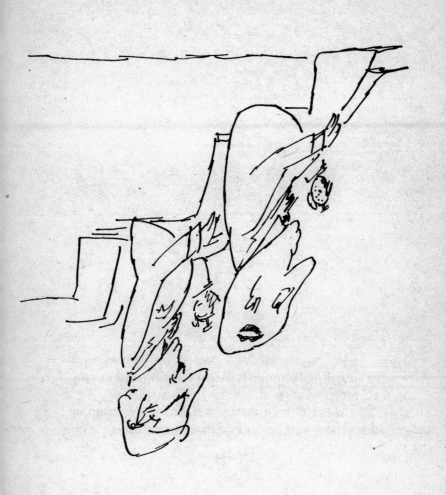

Pourquoi ne permettrait-on pas à ceux qui le désirent de courir dans un couloir propre.

On trouverait facilement à pied d'œuvre une main-d'œuvre peut-être non qualifiée mais éliminatoire de saleté.

Pour combattre la morosité, on peut par exemple:

mettre à l'arrivée un fil beaucoup, beaucoup plus solide . . .

On verrait alors si le coureur a vraiment quelque chose dans le ventre.

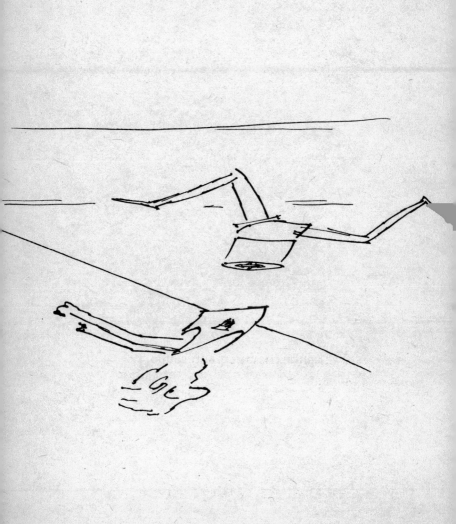

. . . Donner une haltère truquée . . .

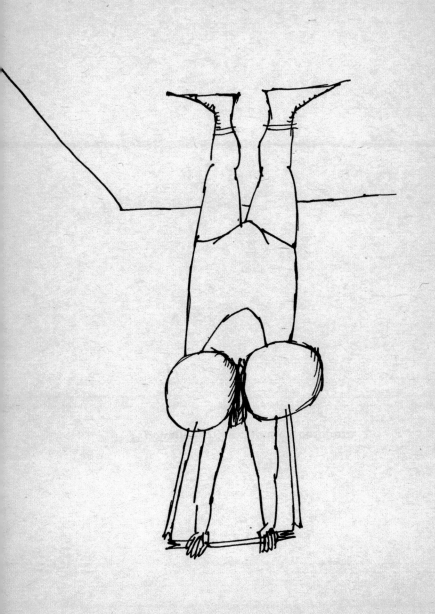

. . . Poser un panier digne de ce nom.

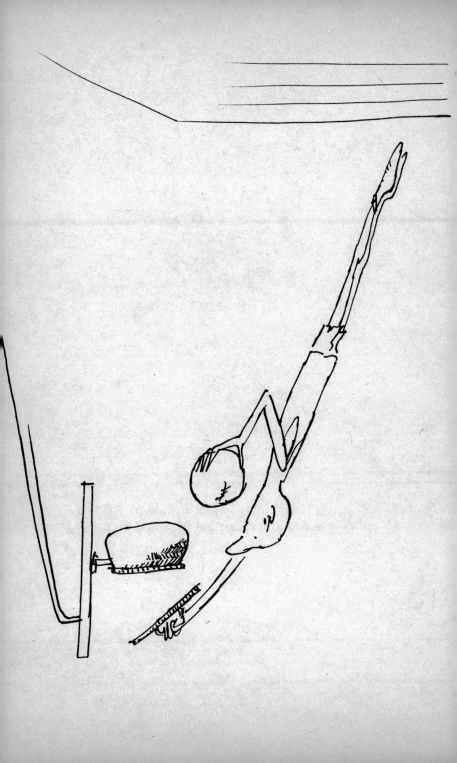

On pourrait inciter la coureuse à la débauche (d'efforts).

Empêcher les rameurs de se branler dans le manche.

Mettre quelques poissons dans la piscine.

Faire du tir un sport d'équipe.

Donner un prétexte aux relayeurs pour qu'ils soient vraiment très pressés de se dé-barrasser de ce qu'ils tiennent à la main.

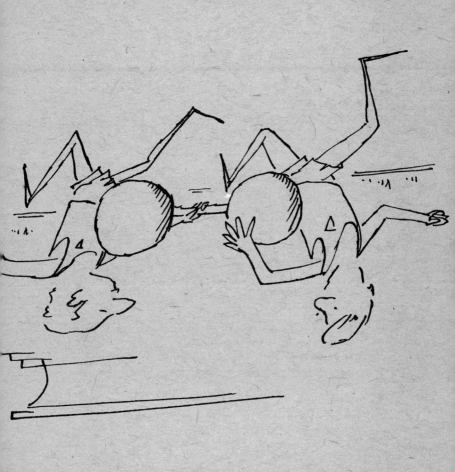

Donner l'occasion au gymnaste de chanter: "Le voici l'anneau si doux . . ." pendant l'exercice.

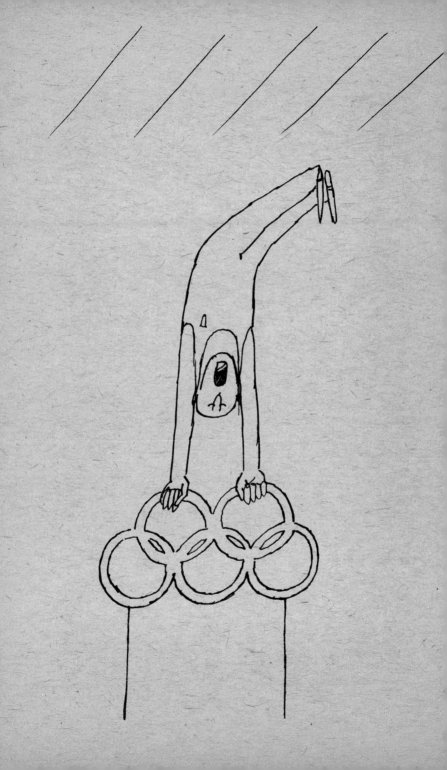

... Doper le cheval d'arçon ...

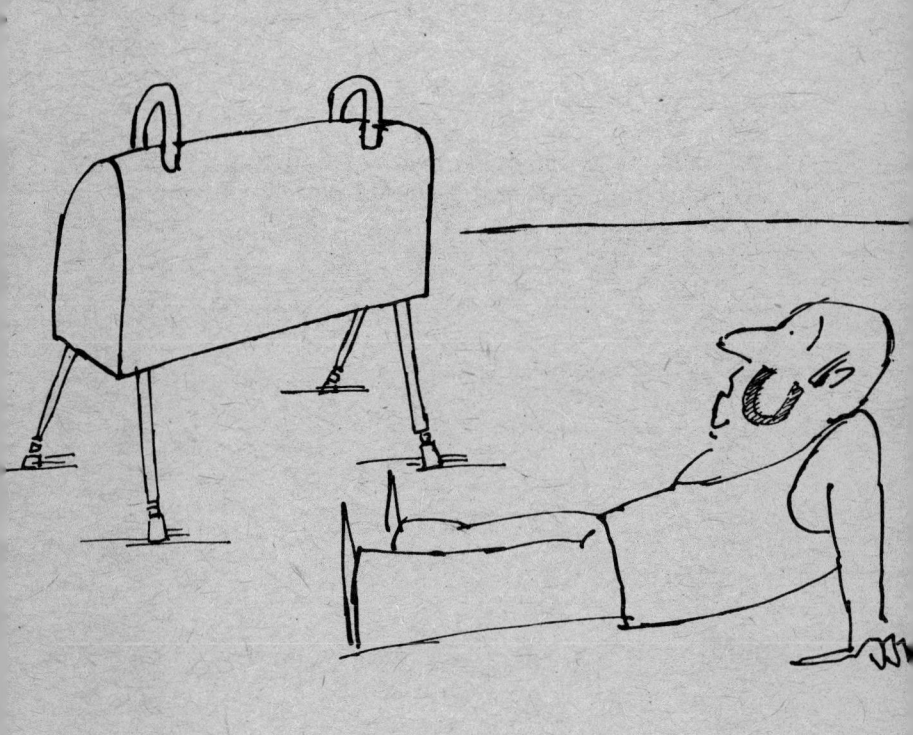

On peut, en misant sur la nouveauté, réveiller la curiosité des spectateurs.

Pourquoi le saut en hauteur toujours dans le même sens si on veut que tout le monde ait sa chance ?

Le triple saut existe d'accord, mais pourquoi pas le quadruple ou le quintuple? Bien
que le plus spectaculaire soit le . . .

Si on veut que les Jeux aient une autre dimension, il faut leur ajouter l'épreuve de saut en largeur.

Remplacer les sports d'origine guerrière par des luttes pacifiques contre la faim.

*Escrime Ice cream*

Permettre aux sportives féminines (toutes belles et élégantes) de concourir à produits égaux.

*Escrime nice cream*

Encourager des disciplines dont les adeptes sont méconnus.

On ne voit jamais sur le podium de champion de . . . cross

Dans sa solitude, le vrai coureur de fond est oublié.

Le coureur de haie (d'épineux) mérite d'être couronné.

Tous les pays font la course aux armements pour obtenir des médailles qui, elles, ne sont pas olympiques: c'est injuste.

Stimuler l'énergie et l'entrain des partici-
pants par une épreuve obligatoire de . . . vrais
bars parallèles.

Enfin on impose aux nations participantes des épreuves qu'elles n'ont pas toujours le goût de pratiquer.

Il serait normal que, par roulement, ces pays voient leur sport préféré devenir olympique.

Ce qui dans un esprit œcuménique permettrait de faire apprécier.

le Tennis Canadien

Le "lance-béret" (France)

Le "Jet d'Adam" (Belgique)

Il n'y a pas de raison de mépriser le ''saut indien'' et prétendre que ça ne vaut pas un clou.

Les Japonais savent mêler force et humour
en jouant à "l'hara-kiri-ra le dernier"

Les Chinois sont de gros mangeurs de poissons. L'un d'eux un jour en eut assez;

LANCEMENT DU POIDS...SON (CHINOIS)

Ces quelques suggestions apporteront-elles à cette grande manifestation le sérieux qui lui manque ? Hélas, trois fois hélas, nous en doutons, peu confiants que nous sommes dans les possibilités de changement de la nature humaine.

Cependant, il n'est pas nécessaire de participer pour gagner ni d'entreprendre pour espérer.

Aussi avons-nous décidé, esprits sains dans des corps sains, de nous retirer pour méditer sur une nouvelle formule.

Nous resterons quatre ans en Grèce, grand mère des Jeux, en pratiquant notre sport favori.

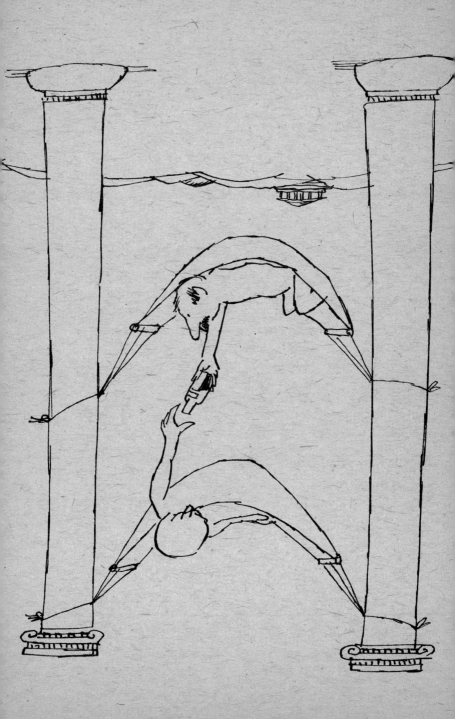

ACHEVÉ D'IMPRIMER
EN JUIN 1976
SUR LES PRESSES DE
PAYETTE & SIMMS INC.
À SAINT-LAMBERT, P.Q.